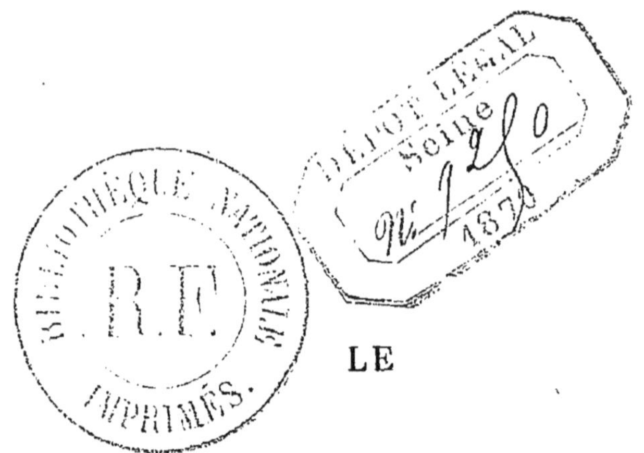

LE

PLÉBISCITE DE 1870

LE
PLÉBISCITE DE 1870

OUI ou NON

PAR

M. EMILE HERVET

———

PARIS

IMPRIMÉ PAR CHARLES NOBLET

RUE SOUFFLOT, 18

———

1870

Pourquoi le Plébiscite?

Parce que, depuis dix-huit ans que l'Empereur est à la tête du pays, les esprits et les choses ont marché ;

Parce que, en conséquence de ce mouvement des choses et des esprits, le temps paraît venu de transformer les institutions qui nous régissent;

Et parce que, pour que les nouvelles institutions soient fortes, il faut qu'elles conviennent à la nation et qu'elles soient approuvées par elle.

———

Oui, les esprits et les choses ont marché pendant les dix-huit dernières années.

Reportons-nous aux origines de l'Empire.

Nous tous qui vivions à cette époque, nous nous rappelons ce que la République de 1848 avait donné à la France : — Dans les rues de Paris, une guerre sauvage, avec des assassinats; dans les villes et les villages, des clubs où l'on prêchait le partage des biens, le socialisme, qui est le vol organisé; dans les campagnes, la misère. Partout l'inquiétude. Les affaires étaient arrêtées. Chacun souffrait.....

La France en eut bientôt assez, de cette République

qui lui avait promis la Liberté, l'Egalité et la Fraternité, et ne lui avait donné que la ruine, le deuil et l'angoisse!

———

Se voyant glisser dans un gouffre, la France chercha un sauveur,

Et elle se jeta dans les bras du neveu de Napoléon.

Le Prince Louis avait été à une dure et grande école. L'exil lui avait permis d'étudier les peuples étrangers, depuis les plus hautes jusqu'aux plus humbles sphères; les prisons politiques lui avaient fait des loisirs, pour méditer sur les maux du pays et les remèdes à y apporter. Il était bien préparé.

Un jour, — ce fut son début, — il joua sa vie pour sauver la France.

———

Vous souvenez-vous de l'enthousiasme qui accueillit en Province la nouvelle du coup d'Etat?

Quelques prétendus patriotes viennent nous dire que le coup d'Etat fut un crime.

Ce ne peut pas être un crime, qu'un acte dont la patrie tout entière a accepté la responsabilité et la complicité, qu'un acte que la patrie tout enti ère s'est empressée de ratifier par le vote gigantesque qui donna la couronne au prince Louis-Napoléon....

———

Par suite de ce vote, Napoléon III fut en possession du blanc-seing de la France.

Quel usage en a-t-il fait?

A-t-il oublié, parvenu au trône, que, élu de la nation son devoir était de faire les affaires de la nation?

—

Voyons quelle fut son inspiration de la première heure.

Nous la trouvons dans la Constitution de 1852. Cette Constitution, élaborée pour les nécessités du moment, avait aussi en vue l'avenir, puisque son auteur ne l'a jamais regardée comme définitive, puisqu'il l'a au contraire et dès le principe déclarée perfectible.

Perfectible! — Là est le secret de l'Empire, — qui, après dix-huit ans, n'est point dépassé par l'opinion publique, qui continue à marcher avec elle, du même pas qu'elle, toujours à sa tête.

—

L'Empereur avait trop approfondi les sociétés humaines pour ignorer qu'il leur est impossible de demeurer stationnaires. Il savait que, dès que la France aurait repris son calme, elle redeviendrait avide de tous les progrès matériels et moraux.

Il pressentait le mouvement de nos esprits, et, loin de l'étouffer, il méditait de favoriser son épanouissement.

Voilà pourquoi il s'était réservé la faculté de modifier la Constitution, au fur et à mesure de nos aspirations et de nos besoins.

Ainsi, les institutions nouvelles ne sont pas la condamnation des institutions précédentes, mais elles en sont l'élargissement; elles y étaient en germe, à l'état de promesse et d'espérance.

—

Je n'ai pas à faire ici l'histoire politique du second Empire : vous la connaissez.

Si le point de départ a été l'autorité, cela était *nécessaire*. Il fallait une main ferme, alors, pour nous tirer du péril.

Ce n'est pas en le touchant du bout des doigts, c'est en le saisissant d'un poignet solide qu'on sauve un malheureux qui se noie.

Et, — j'en demande bien pardon aux hommes de 1848, — mais ils nous avaient jetés à la rivière, et nous étions en train de nous noyer.

Peu à peu l'autorité est devenue moins intense. Elle l'a fait de son plein gré. Elle l'a fait avec une sage lenteur, comprenant que le salut du pays était intéressé à ce qu'elle fût prudente.

En ces matières, il serait insensé de livrer quoi que ce soit au hasard.

———

Est-ce que ces dix-huit années d'affectueuse et attentive autorité ont été perdues pour nous ?

Que voulons-nous donc, en somme ? — Vivre, n'est-il pas vrai ; être assurés du lendemain ; instruire nos enfants, réussir dans nos affaires, augmenter honnêtement notre bien-être ?

Eh bien, *vingt mille* maisons scolaires ont été fondées depuis l'Empire, et le nombre des enfants qui fréquentent les écoles s'est accru de plus de *douze cent mille*.

L'aisance a pénétré dans les campagnes ; non pas encore assez, sans doute, mais Paris n'a pas été bâti en un jour, et il faut du temps pour amener l'existence d'une population à son dernier degré de perfectionnement.

Quant aux ouvriers d'usines, leurs intérèts ont été étudiés et soutenus avec la plus bienveillante énergie : à qui la faute aujourd'hui s'ils compromettent leur prospérité par des grèves ?

A qui la faute encore, si, pendant plusieurs mois, le commerce a été entravé?

Demandez-le à ceux qui font naître les agitations de la rue et de l'atelier...., à ces messieurs qui ne savent que pêcher en eau trouble, et cherchent leur profit dans le malheur des autres !

————

Mais il nous appartient, à nous les honnêtes gens, de réduire à l'impuissance les fabricateurs de désordre; je dis mieux, nous *devons* paralyser leurs manœuvres, si nous tenons à notre tranquillité, à nos progrès.

Nous avons pour cela une arme: c'est, aux jours de scrutin, notre bulletin de vote.

Comptons-nous : nous sommes une légion ; ils sont une poignée.

Et il nous suffira de nous lever pour les empêcher de compromettre l'œuvre en laquelle résident notre prospérité, notre sécurité.

————

Donc, les esprits et les choses ont marché, et nous sommes mûrs pour des institutions libérales.

Est-ce vrai, cela, cependant? L'heure est-elle venue? Le pays souhaite-t-il réellement une plus grande somme de libertés ?

Nul ne peut répondre, sinon le pays lui-même.

————

Mais quel spectacle d'une grandeur étrange!

Voilà un souverain dont le trône a pour base la volonté nationale, et qui, après dix-huit ans de règne, alors que rien ne l'y oblige, alors que rien ne menace, ni lui, ni sa dynastie — (car on ne doit tenir aucun compte sérieux de ces quelques insultes qui sont les émanations fétides des ruisseaux de la rue); — voilà un souverain qui, volontairement, vient se présenter au peuple et lui dit: « Nous sommes liés par des serments mutuels; nous ne sommes pas, — vous la majorité des électeurs et moi votre élu, — de ceux qui foulent aux pieds l'honneur, et méprisent leurs serments. Or, c'est de vous que je tiens et c'est pour vous que j'exerce le pouvoir. Soyez juges de ma conduite: Ai-je été digne de vous? Approuvez-vous mes intentions? Sommes-nous prêts à nous engager ensemble dans la voie nouvelle que j'ai préparée?.... »

Interrogez l'histoire du monde : vous n'y trouverez pas un seul exemple d'un appel au peuple fait dans de pareilles conditions!

C'est du peuple que ce Souverain tient son pouvoir et c'est pour le peuple qu'il l'exerce.

Là est la raison de sa force et de sa sagesse.

Il faut qu'il s'appuie sur nous comme nous sur lui ; car un pacte de confiance a uni nos destinées à la sienne, et, à l'heure présente plus que jamais, son salut est en nous et notre salut est en lui.

Il se fait gloire de son origine. Combien de fois, pendant la période qui vient de se terminer, n'a-t-il pas dit, par lui-même ou par ses ministres : « Je suis l'élu de la nation!... »

L'élu de la nation! — Il faut avoir suivi les débats de la Chambre pour savoir combien cette parole a causé d'irritation chez quelques députés qui, parce qu'ils représentaient une petite portion de la nation, prétendaient la représenter tout entière !

Et voici quelle était quotidiennement leur réponse :

« Osez donc, criaient-ils, renouveler l'épreuve de 1852! Faites encore un appel au peuple, et vous verrez si le peuple n'a pas cessé d'être avec vous !... »

———

Or, un jour, tout récemment, la nouvelle s'est répandue que l'Empire allait le faire, cet appel au peuple.

Vous croyez peut-être que messieurs de l'opposition ont applaudi.

Car enfin, l'appel au peuple, ils l'avaient maintes fois demandé.

Seulement, quand ils le demandaient, ils étaient très-convaincus qu'on ne l'accorderait pas ; sans quoi, ils se seraient bien gardés d'en parler.

Non certes, ils n'ont pas applaudi. Lorsqu'on est de l'opposition systématique, voyez-vous, il faut absolument trouver détestable tout ce qui émane du Gouvernement, fût-ce la chose que l'on a soi-même recommandée la veille.

Si encore l'opposition avait pu se dire : « C'est une concession qu'on nous fait à nous. » Mais non, elle n'ignorait pas que l'objet du plébiscite est de discerner les in-

térêts du pays, et non de complaire à quelques citoyens.

————

Alors, — et il y a là une observation instructive à faire,
— l'opposition, qui avait si fort réclamé l'appel au
peuple, se trouva tout à fait prise au dépourvu.

Et cavalièrement elle fit volte-face.

Lisez en effet les journaux *implacables*. La campagne
qu'ils ont entreprise est curieuse : ils vous conseillent
l'ABSTENTION !...

————

L'abstention... c'est-à-dire le suicide !

Ils vous poussent à abdiquer le droit que vous avez de
diriger votre Gouvernement, de régler vos destinées !

Et cependant, ce sont les hommes de ces journaux-là
qui parlent à tout propos et si haut de la souveraineté
populaire.

Pourquoi donc, lorsque le moment est venu d'exercer
votre souveraineté, vous en détournent-ils ?

Ah ! si comme eux je me plaisais aux phrases sonores,
qu'il me serait facile de démarquer ici leurs déclamations
et de les retourner contre eux !

Mais les déclamations ne nous conviennent pas.

Mettons donc simplement le doigt sur la plaie vive.

————

La France a deux catégories d'électeurs, ceux qui
veulent l'ordre et ceux qui veulent le désordre.

Ceux qui veulent l'ordre forment l'immense majorité :

ce sont les hommes qui n'ont nulle envie de faire courir de mauvais hasards à eux et à leurs familles ; ce sont les hommes qui possèdent, et par conséquent n'aspirent point à voir inaugurer le règne des *partageux* ; ce sont les habitants des campagnes qui, avec l'admirable bon sens dont ils sont doués, en savent plus long en politique que tous les métaphysiciens des clubs.

Par malheur, disons-le entre nous, ces électeurs-là ne se portent pas toujours au scrutin avec un empressement prodigieux. Ils sont un peu sujets à l'indifférence.

Absorbés par leurs travaux, tout occupés d'améliorer leur situation, ou bien encore satisfaits de leur sort et oubliant qu'il peut être compromis, ils se préoccupent parfois médiocrement de la politique. Ils se disent : « Que m'importe le Gouvernement ! J'ai bien assez de mes affaires ou de mes plaisirs... »

Ils se disent aussi : « A quoi bon me déranger pour aller voter ! Qu'est-ce qu'une voix de plus ou de moins ! »

Oui, si un seul s'abstenait, le mal ne serait pas grand. Mais ils sont des centaines, des milliers qui raisonnent de même.

C'est cette tendance à l'abstention que cherchent présentement à exploiter vos ennemis !

C'est la planche de perdition qu'ils vous tendent !

C'est le piége où il ne faut pas tomber.

—

Votez comme vous le suggérera votre conscience ; mais votez !

Votez sans subir aucune pression quelconque. Vous

voyez clair par vous-mêmes. Vous savez ce qu'a déjà fait l'Empire et ce qu'il compte faire encore. Vous appartenez à cette France qui, un moment abaissée, s'est relevée peu à peu, a repris sa place à la tête des nations, et, de progrès en progrès, est arrivée là où elle est à présent, aux portes de la Liberté.

Il est vrai qu'il a fallu dix-huit ans pour l'accomplissement de cette œuvre.

Que voulez-vous ! — Un profond politique du parti *irréconciliable* a déclaré que dix minutes lui suffiraient pour inonder la France de félicités ; mais il a été impossible jusqu'à présent de lui arracher son précieux secret.

———

Votez donc !

Et avant de porter dans l'urne votre *oui* ou votre *non*, écoutez :

Le mot des dix-huit années qui s'achèvent a été celui-ci : *L'Empire c'est la paix !* — Non pas la paix lâche, mais la paix glorieuse, avec le travail fécond et la certitude du lendemain.

Le mot de l'ère qui commence sera celui-ci : « *L'Empire c'est la* Liberté ! — Non pas la licence, mais la liberté honnête, celle qui convient à un grand peuple et le protège contre les excès d'autorité comme contre la tyrannie d'en bas, qui est la plus dure des tyrannies.

———

Un dernier mot. Je tiens à ce qu'on ne puisse pas m'accuser d'inexactitude.

Il se produit actuellement, paraît-il, quelque confusion

dans la Babylone irréconciliable. Ces messieurs ne sont pas d'accord, et tandis que les uns mettent leur espoir dans la tactique que j'indiquais tout à l'heure et prêchent l'abstention, d'autres au contraire prêchent contre l'abstention.

Ceux-ci engagent les électeurs à se présenter au scrutin, mais à la condition expresse de voter *non*.

Non signifiera qu'on repousse les réformes proposées, et qu'on désire la conservation du régime autoritaire !

Comment ! Des hommes qui font profession de haïr le régime autoritaire demandent son maintien ? Des citoyens qui se donnent comme les incarnations de la liberté refusent la liberté ?

Eh ! mon Dieu, oui !

Et ce petit machiavélisme est des plus divertissants.

Ces bons citoyens ne sont pas sans avoir compris que la Constitution de 1870 répond aux vœux probables du pays. D'un autre côté, la Constitution de 1852, qui a rempli une laborieuse et longue carrière, leur paraît devenue une chose quelque peu vieillotte : vieillesse pour eux est synonyme de faiblesse (ce qui, par parenthèse, n'est pas toujours vrai). — Et ils se disent : « Puissions-nous n'avoir en face de nous que le régime ancien, qui, dans l'état actuel des esprits, n'est point invulnérable ! *Non* pour nous veut dire *République*.

« Mais si le jeune régime reçoit la consécration d'un vote national, alors, l'Empire vivra, et que deviendrons-nous ?

« La France prospérera, et il ne se produira pas d'agitations dont nous puissions profiter pour nous mettre en relief et conquérir du pouvoir, des honneurs, des places, de l'argent!

« Nous resterons avec notre impuissance et nos espérances inassouvies!... »

A quoi, j'y compte bien, vous répondrez avec moi : Ainsi soit-il!...